BEI GRIN MACHT SICH IHR WISSEN BEZAHLT

- Wir veröffentlichen Ihre Hausarbeit, Bachelor- und Masterarbeit
- Ihr eigenes eBook und Buch - weltweit in allen wichtigen Shops
- Verdienen Sie an jedem Verkauf

Jetzt bei www.GRIN.com hochladen und kostenlos publizieren

Bibliografische Information der Deutschen Nationalbibliothek:

Die Deutsche Bibliothek verzeichnet diese Publikation in der Deutschen Nationalbibliografie; detaillierte bibliografische Daten sind im Internet über http://dnb.d-nb.de/ abrufbar.

Dieses Werk sowie alle darin enthaltenen einzelnen Beiträge und Abbildungen sind urheberrechtlich geschützt. Jede Verwertung, die nicht ausdrücklich vom Urheberrechtsschutz zugelassen ist, bedarf der vorherigen Zustimmung des Verlages. Das gilt insbesondere für Vervielfältigungen, Bearbeitungen, Übersetzungen, Mikroverfilmungen, Auswertungen durch Datenbanken und für die Einspeicherung und Verarbeitung in elektronische Systeme. Alle Rechte, auch die des auszugsweisen Nachdrucks, der fotomechanischen Wiedergabe (einschließlich Mikrokopie) sowie der Auswertung durch Datenbanken oder ähnliche Einrichtungen, vorbehalten.

Impressum:

Copyright © 2013 GRIN Verlag, Open Publishing GmbH
Druck und Bindung: Books on Demand GmbH, Norderstedt Germany
ISBN: 978-3-668-24035-3

Dieses Buch bei GRIN:

http://www.grin.com/de/e-book/269502/oeffnet-sich-die-demokratische-volksrepublik-korea-der-globalisierung

Malin Möller

Öffnet sich die Demokratische Volksrepublik Korea der Globalisierung?

Ein Vergleich zwischen der Herrschaft Kim Il-Sungs und Kim Jong-Uns

GRIN - Your knowledge has value

Der GRIN Verlag publiziert seit 1998 wissenschaftliche Arbeiten von Studenten, Hochschullehrern und anderen Akademikern als eBook und gedrucktes Buch. Die Verlagswebsite www.grin.com ist die ideale Plattform zur Veröffentlichung von Hausarbeiten, Abschlussarbeiten, wissenschaftlichen Aufsätzen, Dissertationen und Fachbüchern.

Besuchen Sie uns im Internet:

http://www.grin.com/

http://www.facebook.com/grincom

http://www.twitter.com/grin_com

Gymnasium
Käthe-Kollwitz-Schule
Hannover

-Facharbeit-

Schuljahr: 2012/13

Fach: Politik/Wirtschaft

Thema der Arbeit:

Öffnet sich die Demokratische Volksrepublik Korea der Globalisierung?
Ein Vergleich zwischen der Herrschaft Kim Il-Sungs und Kim Jong-Uns

Verfasst von: Anna Malin Möller

Bearbeitungszeitraum: 4. Februar-15.März 2013

INHALTSVERZEICHNIS

1. EINLEITUNG   1

2. GLOBALISIERUNG   2
2.2. VERSTÄNDNIS DES BEGRIFFES GLOBALISIERUNG   2
2.3 KONSEQUENZEN DER GLOBALISIERUNG AUF EINZELNE LÄNDER   3
2.3.1 CHANCEN DER GLOBALISIERUNG   4
2.3.2 RISIKEN DER GLOBALISIERUNG   5

3. NORDKOREA   7
3.1. GEOGRAPHISCHE UND HISTORISCHE HINTERGRÜNDE   7
3.2. KIM IL-SUNG   10
3.2.1. INNERE POLITISCHE UND WIRTSCHAFTLICHE SITUATION   10
3.2.2. ÄUßERE POLITISCHE UND WIRTSCHAFTLICHE SITUATION   11
3.3 KIM JONG-UN   12
3.3.1 BISHERIGE INNEN- UND AUßENPOLITIK   12

4. ÖFFNET SICH NORDKOREA DER GLOBALISIERUNG?   14

5. FAZIT   16

6. ANHANG
6.1 QUELLENVERZEICHNIS   17
6.2 ABKÜRZUNGSVERZEICHNIS   19

1. Einleitung

Zeigt die Demokratische Volksrepublik Korea (DVRK), oder auch Koreanische Volksdemokratische Republik (KVDR), politische, wirtschaftliche oder gesellschaftliche Anzeichen der Veränderung aufgrund des Globalisierungsprozesses? Diese Frage stellt sich, da die Globalisierung bisher jedes Land in unterschiedlicher Form in ihren Prozess mit einbezogen hat; doch inwieweit einzelne Länder von der Globalisierung beeinflusst werden, hängt sehr stark von dem jeweiligen politischen System ab. Zwei herausragende Beispiele für Staaten, die sich in einem Spannungsfeld mit der Globalisierung befinden, sind die letzten klassisch-kommunistischen Länder Kuba und Nordkorea. Wegen seiner Größe, seiner Historie, seiner geopolitischen Bedeutung im asiatischen Raum, seines besonderen politischen Systems und seines ausgebauten Atomprogrammes, hat Nordkorea jedoch eine besondere Brisanz. In jahrzehntelanger Abschottung unter der Herrschaft Kim Il-Sungs, dem „ewigen Staatspräsidenten", und seines Sohnes Kim Jong-Ils, entstand ein isoliertes, weltabgewandtes und um wirtschaftliche Autarkie bemühtes Nordkorea. Der Machtwechsel auf Kim Jong-Un, dem Enkel und Sohn, am 29. Dezember 2011 ließ zunächst die internationale Politik und Wirtschaft die Hoffnung auf eine Neuausrichtung des politischen Kurses, eine friedliche Annäherung gegenüber Südkorea und eine Öffnung zur Welt schöpfen. Besonders Kim Jong-Uns Reden schafften den Eindruck, er würde einen Schritt zu internationaler Öffnung wagen und das etablierte System seines Großvaters der Globalisierung anpassen. Doch mittlerweile überschlagen sich die Ereignisse in politischen Konflikten rund um Nordkorea, die eine massive Bedrohung des internationalen Friedens begründen können. Die offensive und aggressive Außenpolitik findet in Bombentests und Drohungen eines atomaren Krieges seinen vorläufigen Höhepunkt.

Um sich der Problematik zwischen dem Globalisierungsprozess und Nordkoreas Politik zu stellen, wird im ersten Teil dieser Seminarfacharbeit zuerst der Begriff der Globalisierung in Bezug auf den weiteren Verlauf der Arbeit definiert und ihre wesentlichen Auswirkungen erläutert. Im Hauptteil dieser Arbeit werden dann die geschichtlichen Hintergründe zu Nordkorea dargestellt um die jetzige Situation des Landes nachvollziehbar zu machen. Wegen ihres immensen Einflusses auf das politische System Nordkoreas, konzentriert sich der Hauptteil auf die diktatorischen Führer Kim Il-Sung und seinen Enkel, der derzeitige Machthaber, Kim Jong-Un. Am Ende des Hauptteils wird die Fragestellung erörtert, ob sich Nordkorea der Globalisierung öffnet. Im Fazit wird eine Bewertung der nordkoreanischen Entwicklung bezüglich der Globalisierung vorgenommen. Aufgrund der extremen Abschottung Nordkoreas konnte auch in dieser Arbeit kaum auf nordkoreanische Primärquellen zurückgegriffen werden; es wurden fast ausschließlich ausländische Einschätzungen genutzt. Die Problematik Abschottung erschwert zudem eine klare Beurteilung der Intentionen des derzeitigen Führers und der weiteren politischen Entwicklung.

2. Globalisierung

2.2. Verständnis des Begriffes Globalisierung

Obwohl der Begriff „Globalisierung" erst in der zweiten Hälfte des 20. Jahrhunderts entstanden ist, reicht das Phänomen transnationalen Austausches schon tausende Jahre zurück. Antike Weltreiche wie die römische oder die chinesische Großmacht integrierten unterschiedliche Völker und Kulturen unter ihrer Herrschaft. Weitere Beispiele für länderübergreifende Vernetzungen sind auch die Verbreitung von Religionen, wie z.B. das Christentum und der Islam.[1] Das Verständnis des Begriffs Globalisierung, wie wir es heute haben, war jedoch zunächst nur auf die wirtschaftliche Dimension beschränkt und begründete sich in stärker werdenden internationalen Handelsverflechtungen seit Mitte des 19. Jahrhunderts. Diese zunehmende internationale wirtschaftliche Verflechtung bedingte mit wachsendem Einfluss die „Globalisierung" anderer Bereiche. Zum Beispiel wurde durch Migration von Arbeitskräften eine stärkere Vermischungen von Lebensstilen und -kulturen begründet (=kulturelle Dimension der Globalisierung). Die stärkere wirtschaftliche Verflechtung verursachte auch eine Zunahme internationaler Vereinbarungen auf politischer Ebene (=politische Dimension der Globalisierung). So wurde zu dem ökonomischen Aspekt im Laufe der Jahre eine politische, eine ökologische, eine soziale und eine kulturelle Dimension addiert.[2] Beschleunigt wurde der Prozess vor allem durch den Ausbau der Transport- und Verkehrsinfrastruktur und neuer Technologien,

---

[1] Wissen.de: Globalisierung – Historische Entwicklung; URL:
http://www.wissen.de/thema/globalisierung?chunk=historische-entwicklung (Zugriff 11.03.2013)
[2] vgl. Taake, Hans-Helmut: „Globalisierung – Eine oder keine Chance für Entwicklungsländer", in Bundeszentrale für politische Bildung: http://www.bpb.de/veranstaltungen/dokumentationen.de (Zugriff: 10.03.2013)

insbesondere in der Kommunikation. Die Globalisierung hat also inzwischen sehr vielschichtige und umfangreiche Facetten und kann deshalb mit unterschiedlicher Akzentuierung sehr umfassend oder eingeschränkt definiert werden. Besonders häufig wird Globalisierung ausschließlich unter dem wirtschaftlichen Aspekt verstanden. Ein Beispiel dafür ist der Begriff des „Globalen Marktes", der Globalisierung als den „[...]Prozess wachsender globaler Mobilität und die Verflechtung privater wirtschaftlicher Aktivitäten [...]"[1] beschreibt.

Eine eingeschränkte Definition ist im Kontext dieser Arbeit nicht geeignet, da ein möglicher Einfluss der Globalisierung auf Nordkorea nicht nur in einzelnen Bereichen relevant ist, sondern vielschichtig wirken würde; darüber hinaus sind die einzelnen Komponenten sehr ineinander verzahnt, hängen voneinander ab und wirken sich aufeinander aus. Daher liegt dieser Arbeit folgendes, umfangreicheres Verständnis von Globalisierung zu Grunde:

Globalisierung ist der Prozess der zunehmenden Vernetzung und Vereinheitlichung von politischen, wirtschaftlichen, kulturellen, sozialen und technischen Systemen und Lebensformen mit der Konsequenz abnehmender nationaler Unabhängigkeit und länderspezifischer Besonderheiten.

Besonders der Aspekt der abnehmenden nationalen Selbstbestimmung und Unabhängigkeit ist im Falle Nordkoreas als autarker Staat von sehr großer Bedeutung.

2.3 Konsequenzen der Globalisierung auf einzelne Länder

Die Konsequenzen und Auswirkungen der Globalisierung sind so vielfältig, wie die Länder, die von der Globalisierung betroffen sind. Für manche Länder bietet die Globalisierung eine große Chance des Fortschritts, für andere ist die Globalisierung ein politisches, gesellschaftliches oder wirtschaftliches Risiko; in vielen Fällen sind die Auswirkungen der Globalisierung jedoch ambivalent und können nicht generell beurteilt werden, sondern müssen im individuellen Kontext bewertet werden.

---

[1] Schirm, Stefan A.: „Internationale Politische Ökonomie – Eine Einführung"; Baden-Baden, 2004

2.3.1 Chancen der Globalisierung

Unbestritten ist, dass in einer generellen Betrachtung die Globalisierung ein wirtschaftliches Wachstum bewirkt, was ein wesentlicher Faktor für bessere materielle Lebensbedingungen ist.

Dies gilt in entwickelten Ländern wie zum Beispiel den Mitgliedsstatten der OECD (=Organisation for Economic Cooperation and Development), „eine(r) internationalen Organisation mit 34 Mitgliedsstaaten, die sich der Demokratie und Marktwirtschaft verpflichtet fühlen."[1] Diese konnten und können ihr Bruttoinlandsprodukt mit Hilfe des Globalisierungsprozesses deutlich steigern, was auf vielfältigere Exportmöglichkeiten zurückzuführen ist. So entwickelte sich z.b. das Bruttoinlandsprodukt, der Gesamtwert aller hergestellten Güter eines Jahres, im stark exportorientierten Deutschland von 50 Milliarden Euro 1950 auf 2 Billionen, 644 Milliarden Euro im Jahre 2012.[2] Aber auch in den Entwicklungs- und Schwellenländern ist die Teilnahme am internationalen Markt gleichbedeutend mit wirtschaftlichem Wachstum.

Verantwortungsvoll genutztes wirtschaftliches Wachstum durch Globalisierung ermöglicht durch mehr und ertragreichere Arbeitsplätze mehr Wohlstand für mehr Menschen in mehr Ländern, was insbesondere in Entwicklungs- und Schwellenländern der Ausgangspunkt für nicht nur bessere materielle Lebensbedingungen ist, sondern auch große Fortschritte in anderen wichtigen Lebensbereichen, beispielsweise im Bildungs-, oder Gesundheitswesen oder in der Entwicklung der Infrastruktur ermöglicht.

Globalisierung schafft in genereller Betrachtung auch Frieden und Sicherheit; wird sie verantwortungsvoll genutzt, so sorgt sie für die Demokratisierung von Länder, für eine Verkleinerung von sozialen Unterschieden und für kooperatives Miteinander zwischen Staaten. Die Gründung der EWG (=Europäische Wirtschaftsgemeinschaft), bzw. die spätere EU, ist ein positives Beispiel dafür, was transnationaler Austausch nach 2 verheerenden Weltkriegen für den Frieden leisten kann.

Globalisierung kann auch im kulturellen Leben bereichernd wirken. Grenzenlose Reisefreiheit und Mobilität macht es leicht möglich andere Ländern und Kulturen kenne- und verstehen zu lernen. Eine Bereicherung des Lebens durch erleichterten Zugang zu

---

[1] Wikipedia: OECD; URL: http://de.wikipedia.org/wiki/OECD (Zugriff 12.03.2013)
[2] Statistisches Bundesamt; in CRP, URL: http://www.crp-infotec.de/01deu/wirtschaft/bip_nominal.html (Zugriff: 6.02.2013

internationalen kulinarischen Spezialitäten und internationaler Kunst, Literatur und Musik ist Teil der globalisierten Welt.

Da das Wissen der Menschen außerdem weltweit ausgetauscht werden kann, ist der Fortschritt in jeglichen Bereichen garantiert und es ist sichergestellt, dass in vielen Ländern Lebensbedingungen auf Basis internationaler Standards ermöglicht werden.

2.3.2 Risiken der Globalisierung

Es gibt in vielerlei Hinsicht Risiken der Globalisierung, sowohl in Industrieländern, als auch in Entwicklungs- und Schwellenländern.

Die verstärkte Vernetzung ökonomischer Faktoren, die auf die Globalisierung zurückzuführen ist, hat immer größer werdende Einflüsse auf die Entwicklung der Lebensbedingungen der Menschen. Ein außer Kontrolle geratendes internationales Finanz- und Währungssystem kann wegen der engen weltweiten Verzahnung Wohlstand und materielle Sicherheit vieler Menschen in vielen Ländern bedrohen.

Die Entstehung immer weniger, immer größer werdender multinationaler Konzerne mit einem Fokus auf Gewinnmaximierung, führt zu Lohndumping in entwickelten Ländern und zu ungerechter Ausbeutung von Arbeitskräften und Rohstoffvorkommen in Entwicklungs- und Schwellenländern. Kinderarbeit in Pakistan, Selbstmorde von Foxconn Arbeitern in China und katastrophale Bedingungen bei der Erdölförderung in Nigeria, sind nur einige Beispiele von Nachteilen der Globalisierung.

Grenzübergreifender Wettbewerb begründet immer stärker sinkende Preise. Die dadurch zunehmend fehlende Wettbewerbsfähigkeit einzelner Länder kann zum Rückgang, oder gar Aussterben traditioneller Industrien oder Sektoren, wie der Landwirtschaft führen.

Insbesondere in Entwicklungsländern führt wachsender Wohlstand nicht immer zu einer Angleichung sozialer Unterschiede, sondern bewirkt im Gegenteil eine ungerechtere Verteilung des Wohlstandes dadurch dass einige wenige Menschen die Politik und Wirtschaft kontrollieren. Dies kann zu großer sozialer Ungleichheit und Unruhen führen.

Globalisierung schafft gegenseitige Abhängigkeit und den Verlust von nationaler Autarkie, was in Ländern Sorge vor Fremdbestimmtheit schafft. Nicht nur Entwicklungsländer sorgen sich darum, von den Industrienationen ignoriert zu werden. Ein Resultat der Globalisierung in entwickelten Ländern ist die Staatengemeinschaft der Europäischen Union, dessen Modell bisher einzigartig auf der Welt ist. Eingegliederte Staaten sprechen von einem politischen Machtverlust in Bezug auf das Schicksal und die Lebensbedingungen ihres Landes. Das EU Bündnis steht in der Kritik, da immer wieder die Fremdbestimmung einzelner Länder durch die EU deutlich wird. Der supranationale Rahmen umfasst immer wesentlichere Aspekte der eigentlich nationalen Politik. Auch von nationalen Politikern wird oft die Fremdbestimmung durch die EU gerügt: „Die nationale Gesetzgebung muss Vorrang haben vor Brüsseler Vorschriften"[1].

Insbesondere in totalitären Staaten würde eine Öffnung bezüglich der Globalisierung einen Verlust von Einfluss, Macht und Reichtum der etablierten Machthaber bedeuten, die versuchen, auch gegen die Interessen der Bevölkerung eine Öffnung zu verhindern, was zu nationalen und internationalen Spannungen führen kann.

Eine wesentliche Gefahr von Globalisierung in einem nichtökonomischen Bereich ist die Angst vor Verlust der nationalen Kultur und Eigenständigkeit.

„Der Pluralismus der Kulturen ist durch die Globalisierung bedroht, weil die mächtigen Industrie- und Finanzländer ihre eigenen Interessen und Vorstellungen durchsetzen möchten."[2]

Ein Beispiel dafür, wie eng wirtschaftliche und kulturelle Globalisierung verknüpft sind und wie ambivalent sie wirkt, ist das sogenannte internationale Outsourcing (=Auslagerung der Unternehmensaufgaben) großer Unternehmen, wie es zum Beispiel Siemens im Entwicklungsland Indien betreibt. 500 Millionen[3] Euro wurden in den Ausbau der Kapazitäten vor Ort ausgegeben, um den 10-Mal höheren Löhnen in Deutschland auszuweichen und eine Vielzahl qualifizierter Inder[4] zu beschäftigen. Dadurch gehen in Deutschland Arbeitsplätze verloren und seit Jahren wird die Anpassung der Inder bzw. der indischen Kultur an die westlichen Standards kritisiert; die Globalisierung wird hier sogar „Westernization" (=Übernahme westlicher Strukturen) genannt.

---

[1] Schröder, Kristina: „Brüssel nicht zuständig für Frauenquote", in Bundesministerium für Familie, Senioren, Frauen und Jugend: http://www.bmfsfj.de/BMFSFJ/gleichstellung,did=192722.html (Zugriff: 11.03.2013)
[2] Taake, Hans-Helmut: „Globalisierung – Eine oder keine Chance für Entwicklungsländer", in Bundeszentrale für politische Bildung; URL:
www.bpb.de/veranstaltungen/dokumentationen130263/globalisierung-eine-oder-keine-chance-fuer-die-entwicklungslaender (Zugriff: 10.03.2013)
[3] vgl. Student, Dietmar: „Outsourcing – Indien auf Platz Eins", in: http://www.manager-magazin.de/politik/weltwirtschaft/0,2828,752506,00.html (Zugriff: 24.02.2013)
[4] Outsourcing2india: Warum in Indien einkaufen?; URL: http://www.outsource2india.de (Zugriff: 24.02.2013)

Ambivalent, also eben auch negativ, ist der Einfluss der Globalisierung auf die Umwelt: verbessern sich umweltbezogene Standards insbesondere in Entwicklungsländern, so wirkt sich zum Beispiel die gesteigerte weltweite Produktion und der internationale Warentransport negativ auf die Umwelt aus.

3. Nordkorea

3.1. Geographische und historische Hintergründe

Die Demokratische Volksrepublik Korea liegt auf der Koreanischen Halbinsel, erstreckt sich über eine Fläche von 120.538km² und grenzt im Norden an die Volksrepublik China sowie im Nordosten an Russland. Entlang des 38. Breitengrades verläuft die Grenze zu Südkorea. Im Westen befindet sich die Küste des Gelben Meeres, im Osten die des Japanischen Meeres, das von den Nordkoreanern jedoch „Koreanisches Ostmeer" genannt wird. Die Besiedelung ist in den beiden Regionen konzentriert, denn dort befinden sich Nordkoreas größte Städte Kaesong, Chongjin und Hamhung, sowie die Hauptstadt Pjöngjang. Das Landesinnere ist von verschiedenen Gebirgsketten durchzogen.

Korea war von 1910 bis zum Ende des Zweiten Weltkrieges Kolonie des japanischen Kaiserreichs und das koreanische Volk litt extrem unter dem Kulturaufzwang durch die Japaner. Als japanische Provinz „Chōsen" wurde Korea unter dem Verlust ihrer Rechte und Kultur wirtschaftlich und gesellschaftlich von Japan, das sich dabei auch einiger Kriegsverbrechen schuldig machte, modernisiert. Die Kolonialzeit endete, als die japanische Kolonie in Folge des Zweiten Weltkrieges in zwei Besatzungszonen aufgeteilt wurde. Im Norden stationierte sich die Rote Armee Russlands wohingegen der Süden von den amerikanischen Truppen besetzt wurde. Dem Exilkoreaner Kim Il-Sung gelang es nach kurzer Zeit in der provisorischen Übergangsregierung Nordkoreas durch „rücksichtsloses Vorgehen gegen politische Gegner"[1] aufzusteigen und sich in hohen Positionen zu etablieren. So gelang es ihm in der 1948 im Norden gegründeten Demokratischen Volksrepublik Korea zum Präsidenten bestimmt zu werden. Bereits vor der Proklamation des Staates, als Kim Il-Sung schon als Vorsitzender des Volkskomitees in Erscheinung getreten war, waren Bodenreformen eingeführt und Betriebe verstaatlicht worden, ganz nach dem sozialistischen Vorbild Russlands. Doch kurz nach Kim Il-Sungs Amtsantritt

---

[1] vgl. Frank, Rüdiger: Nordkorea: Zwischen Stagnation und Veränderungsdruck; Wiesbaden, 2008

entwickelte er eigene Ideen zu einem kommunistischen System. Nachdem er zwei Jahre lang seine Ideologie umgesetzt und gefestigt hatte, beschloss das entstandene Regime einen Angriff gegen Südkorea zu wagen, um ein einheitliches Korea nach seinen Vorstellungen zu errichten. Da man sich 1950 in der Anfangsphase des globalen Kalten Krieges befand, wurde die Einnahme Südkoreas und damit der Sieg über das kapitalistische System durch das ständige Streben nach Überlegenheit noch beflügelt.[1] So marschierte die nordkoreanische Volksarmee am 25. Juni 1950 in den Süden ein und schaffte es nach nur einigen Monaten beinahe die gesamte koreanische Halbinsel einzunehmen. Durch das Eingreifen der UNO wurden die Soldaten Nordkoreas jedoch rasch wieder zurückgedrängt, bis sich China einmischte und dem Norden zu Hilfe kam. Nach drei Jahren Krieg befand sich das Land nun wieder in seiner politischen Ausgangslage und lag wirtschaftlich am Boden. Der Korea Krieg hatte dem Land mehr Verluste eingebracht als irgendeinem anderen involvierten Staat, u.a. weil erstmals Napalmbomben zum Einsatz gekommen waren, die über 3 Millionen Zivilisten das Leben kosteten. Am 27. Juli 1953 unterzeichneten die beteiligten Nationen zwar eine Waffenruhe, aber ein Friedensvertrag wurde nicht geschlossen, so dass der Krieg bis heute offiziell nicht als beendet gilt. Stattdessen wurde die sogenannte Demilitarisierungszone (DMZ) errichtet; ein 248 km lange und 4km breite Zone, die die Grenze schützen soll. In der Mitte verläuft diese Grenze, die militärische Demarkationslinie, an der sich immer noch 50 000 nord- und südkoreanische, sowie amerikanische Soldaten gegenüberstehen.

1994 verstarb Kim Il-Sung und so konnten geplante Verhandlungen zur Wiedervereinigung Koreas nicht stattfinden. In den Jahren von 1995 bis 1997 herrschte die verheerendste Hungerkatastrophe in der Geschichte Koreas, die aus dem Zusammenfall des Ostblocks resultierte, da Nordkorea plötzlich ohne wirtschaftliche Unterstützung Russlands auskommen musste. Nach einer Trauerzeit von drei Jahren übernahm der Sohn Kim Il-Sungs, Kim Jong-Il das höchste Amt des Staates, das des Generalsekretärs der Partei der Arbeit.

Kim Jong-Il führt in seiner Amtszeit die „Songun-Ideologie" („Militär-zuerst-Politik") ein und erweitert somit die „Juche-Ideologie" („Koreanische-über-allem-Politik") seines

---

[1] vgl. Schaller, Peter: „Nordkorea – Ein Land im Banne der Kims"; Böblingen, 1994

Vaters. Dadurch spielt die nordkoreanische Volksarmee eine noch größere Rolle im Staat. Mit 1,2 Millionen Soldaten und 4,7 Millionen Reservisten bei 24 Millionen Einwohnern, hat Nordkorea bis heute die größte Armee der Welt. Die besondere Bedeutung der Armee wird darin deutlich, dass jeder Junge ab dem 16. Lebensjahr für 10 Jahre Kriegsdienst leisten muss und in dieser Zeit keinerlei Kontakt zur Familie haben darf.[1] Die Politik Bill Clintons versprach eine Annäherung der verfeindeten Staaten Amerika und Nordkorea. Die abgegrenzten Regionen in Nordkorea beinhalten spezielle Steuerrechte und administrative Erleichterungen für den Wirtschaftssektor, die die wirtschaftliche Attraktivität Nordkoreas für ausländische Anleger steigern sollen. Doch durch den Beginn der Regentschaft George W. Bushs wurde die lang erarbeitete vertrauensvollere Basis zunichte gemacht. Dieser erklärte in einer Rede:[2]

„North Korea is a regime arming with missiles and weapons of mass destruction, while starving its citizens.[...] States like these, and their terrorist allies, constitute an axis of evil, arming to threaten the peace of the world."
„Das Regime in Nordkorea rüstet mit Raketen und Massenvernichtungswaffen auf, während es seine Bürger verhungern lässt.[...] Staaten wie diese, und die mit ihnen verbündeten Terroristen, bilden eine Achse des Bösen, die aufrüstet, um den Frieden der Welt zu bedrohen."

Im Oktober 2006 verschlechterte sich die Beziehung zwischen dem mittlerweile stark isolierten Staat und dem Rest der Welt und das Misstrauen wuchs weiter, als der erste erfolgreiche Atombombentest von der nordkoreanischen Volksarmee durchgeführt wurde. Die Vereinten Nationen, jedoch insbesondere Amerika, Südkorea und Japan, fühlten sich durch den Atombombentest provoziert und bedroht. Als 2009 eine weitere Zündung einer Atombombe stattfand, sorgte dies nicht nur für erneute Aufruhe in der internationalen Staatengemeinschaft und besonders im asiatischen Raum, sondern hatte auch zur Folge, dass ein verschärfteres Waffenembargo und strenge Auflagen für Nordkoreas Finanzmärkte verhängt wurde. Daraufhin kündigte das Regime die weitere Anreicherung von Uran an. Japan verhängte schließlich ein vollständiges Exportembargo und die amerikanische Regierung unter Obama forderte Verhandlungen um das Kernwaffenprogramm Nordkoreas.
Mit seinem Tod am 17. Dezember 2011 endete die diktatorische Regentschaft Kim Jong-Ils

---

[1]Kinzel, Uwe: Vortrag zu Nordkorea; Bissendorf 8. Feb, 2013
[2]Bush, George W.: Rede zur Lage der Nation, Washington D.C., 29. Januar 2002; in Wikipedia „Die Achse des Bösen"; URL: http://de.wikipedia.org/wiki/Achse_des_Bösen

und die Bilder eines scheinbar verzweifelten und führerlosen Volkes gingen um die Welt. Diverse Spekulationen und Vermutungen der Zukunft Nordkoreas entstanden im Glauben, das System würde nun den bereits häufig erwarteten Zusammenbruch erleiden. Doch mit dem dritten und jüngsten Sohn Kim Jong-Ils kam der neue Diktator Kim Jong-Un, der die Politik seines Vaters zunächst weiterzuführen scheint, aber bisher auch Ansätze der Veränderung deutlich machte. Dennoch folgte nach einer hoffnungserweckenden Rede zum Jahreswechsel 2013 die Ankündigung weiterer Raketentests.

3.2. Kim Il-Sung

Kim Il-Sung, der noch heute als „ewiger Präsident" bezeichnet wird, war der Vorsitzende des zentralen Volkskomitees (Führungsorgan der DVRK) und Leiter des Verwaltungsrat der Regierung (vgl. Kabinett) Nordkoreas, der Generalsekretär der Partei der Arbeit Koreas (praktisch einzige Partei im Land), der Präsidiumsvorsitzende des Politbüros (eigentliche Führungsgruppe Nordkoreas), der Begründer der Juche-Ideologie und damit der „Großer Führer" des Landes. Der Staatsvater ist im gesamten Land präsent: Tausende Statuen, Bilder und Inschriften prägen die Stadtbilder Nordkoreas und verkünden seine Lehre. Auch im privaten Leben ist er nicht wegzudenken, denn in jeder Wohnung, in jedem Klassenzimmer, sogar in jedem Waggon der U-Bahn schmücken seine Portraits (und mittlerweile auch die seiner Nachfolger) die Wände. Die Plakette mit seinem Portrait muss von jedem Erwachsenen des Landes getragen werden, sodass man sagen kann, der Personenkult um ihn hat religiöse Ausmaße und das Volk Nordkorea folgt diesem wie eine Sekte.[1] Der Alleinherrscher begründete mit seinen Ideen eines gemeinschaftlichen Systems nicht nur eine völlig neue Staatsform, die auf dem Marx- bzw. Leninismus und Konfuzianismus basiert, sondern auch einen Kurs in die Isolation.

3.2.1. Innere politische und wirtschaftliche Situation

Die Politik Nordkoreas stützt sich vor allem auf die kommunistische „Juche-Ideologie" Kim Il-Sungs. Diese beinhaltet gesellschaftlich zu bewahrende sozialistische Tugenden und wirtschaftlich sowie politisch anzusteuernde Autarkie; das bedeutet die aktive Abschottung von globalen, insbesondere wirtschaftlichen, Geschehnissen. Darüber hinaus ist die Rede

---

[1] vgl. Schaller, Peter: „Nordkorea – Ein Land im Banne der Kims"; Böblingen, 1994

vom „Besitz der Wahrheit" und dem „Schlüssel zum Fortschritt", den einzig und allein die Partei innehat. Hier ist der Parteiapparat das Instrument des Staatsführers, den das unmündige Volk braucht.[1] Daher ist Politik des Landes des Weiteren bestimmt durch den Personenkult um Kim Il-Sung, die Verfassung auf das Oberhaupt ausgerichtet und geprägt von seinem Entwurf der Idee des Juche. In diesen Zusammenhang wird „Juche" teilweise schon als „Kimismus" bezeichnet, da diese nur in Nordkorea mit der Familie Kim eine schöpferische Anwendung findet. Das Fehlen jeglicher Opposition, unabhängiger Instanzen und Institutionen, die Gleichgewicht herstellen könnten, sorgt, unterstützt von staatlicher Propaganda, dafür, dass keine andersgesinnten Individuen entstehen und bestehen können. Das Radio, die Presse und das Fernsehen sind vom Staat instrumentalisiert bzw. kontrolliert und auf den Staat ausgerichtet. Sie beeinflussen die politische Willensbildung der Bevölkerung, wobei man nicht von „Willensbildung" sprechen kann, denn trotz der „allgemeinen, gleichen, direkten und geheimen Wahlen"[2], „entfaltet [die Koreanische Demokratische Republik] ihre gesamte Tätigkeit unter Führung der 'Partei der Arbeiter Koreas'."[3]

Nach dem Wiederaufbau Nordkoreas funktioniert die zentralistische Wirtschaft in der Zeit um 1970 sehr gut und Nordkorea war eine der führenden Industrienationen des asiatischen Raums. Durch die direkten Grenzen zu Russland und China und deren ähnlichen politischen Gesinnungen, kam es immer wieder zu wirtschaftlichen Unterstützungen. Besonders profitabel und besonders wichtige Importgüter waren hierbei die Lieferungen von Öl und Kohle seitens Chinas.

3.2.2. Äußere politische und wirtschaftliche Situation

Die äußeren politischen und wirtschaftlichen Geschehnisse der DVRK waren nach dem Korea Krieg geprägt von der Unterstützung durch China und Russland. Um 1965, als sich das Land erholt und stabilisiert hatte, setzte Kim Il-Sung besonders auf die Souveränität und Autonomie des sozialistischen Staates. „Die Koreanische Volksrepublik basiert auf den sozialistischen Produktionsverhältnissen und auf der selbstständigen nationalen

---

[1] vgl. Stroh, Oliver: „Nordkorea vor dem Zusammenbruch?"; Bochum, 2011
[2] Art. 6, Verfassung der Demokratischen Volksrepublik Koreas
[3] Art. 11, Verfassung der Demokratischen Volksrepublik Koreas

Wirtschaft"[1], formulierte Kim Il-Sung 1972 und lehnte damit verfassungsbindend die kapitalistischen Marktströme ab. Kim Il-Sung selbst definierte die wirtschaftliche Unabhängigkeit Nordkoreas mit dem koreanischen Wort „charip", das so viel bedeutet wie „Selbstvertrauen in der Wirtschaft".[2] Dennoch räumte er ein, dass die Möglichkeit bestehen würde mit ebenfalls sozialistischen Staaten zu handeln und deren wirtschaftliche Unterstützung zu akzeptieren, auch wenn dies schon eine Verletzung des Selbstversorgerprinzips darstellte. Zu Beginn der 1980ger Jahre legitimierte er sogar den wirtschaftlichen Handel mit „freundlich gesinnten" kapitalistischen Ländern damit, dass der Import industrieller Waren und Rohstoffe wichtig für die Entwicklung der Demokratischen Volksrepublik seien[3]. Im Rahmen dieses kontrolliertem Austausches achtete der Parteiapparat genau darauf, dass die Öffnung des Landes für Ausländer nicht zu einem „destruktiven Einfluss"[3] führt.

3.3 Kim Jong-Un

Allgemein ist über den dritten und jüngsten Enkel Kim Il-Sungs nicht viel bekannt und aufgrund seiner kurzen Amtszeit lässt sich noch kein einheitliches Bild seines politischen Kurses erkennen. Kim Jong-Un soll zwischen 1983 und 1984 geboren sein und es wird spekuliert, dass er und sein Bruder, als angebliche Söhne nordkoreanischer Beamter, zwei Privatschulen in der Schweiz besucht haben sollen. Ab 2009 wurde der Personenkult um ihn seitens des Regimes aufgebaut, sodass man ihn als zukünftigen Nachfolger handeln konnte. Nach wenig Medienpräsenz des Landes, wurde der Staat durch die atomaren Tests im Jahr 2013 wieder in das Bewusstsein der Menschen im Ausland gerufen.

3.3.1 Bisherige Innen- und Außenpolitik

Zunächst sah es so aus, dass mit dem Machtwechsel am 29. Dezember 2011 nur ein neuer alter Führer Nordkorea das Land regieren würde und daher überraschten die Worte des nordkoreanischen Regimes nicht, als sie Südkorea wissen ließen: „Wir erklären feierlich und voller Stolz den törichten politischen Verantwortlichen in der Welt, darunter der Marionettenregierung in Südkorea, dass sie von uns nicht die geringste Änderung erwarten

---

[1] Art. 19, Verfassung der Demokratischen Volksrepublik Koreas
[2] vgl. Frank, Rüdiger: „Nordkorea: Zwischen Stagnation und Veränderungsdruck"; Wiesbaden, 2008
[3] vgl. Bergmann, Mareike: „Nordkorea unter Globalisierungsdruck?"; Bochum, 2006

dürfen"[1]. Daraufhin verschwand Nordkorea nach den Diskussionen um den Machtwechsel wieder aus den Medien in die Isolation. Doch als Kim Jong-Un am 01.01.2013 die Neujahrsrede hielt und erklärte, das kommende Jahr würde ein Jahr „großer Schöpfungen und Veränderungen sein, die einen radikalen Umschwung bewirken"[3], war das eine ungewöhnliche Erklärung aus Pjöngjang. „Es ist möglich, dass die Neujahrsrede Kim Jong-Uns als Beginn einer nordkoreanischen Reform-Ära in die Geschichte eingeht. Dass sie den Anfang einer wirtschaftlichen Öffnung und einer Annäherung an den südlichen Nachbar markiert."[2], so wurde die Neujahrsrede des jungen Diktators Kim Jong-Un unter anderem vom Ausland gedeutet und die Hoffnung geweckt, „dass also mit jenem 1. Januar 2013 endlich der grundlegende Wandel in Nordkorea einsetzt, den der Westen schon so lange ersehnt."[1]. In der gleichen Rede hatte Kim Jong-Un jedoch auch betont: „Nur wenn wir unsere Militärmacht in jeder Hinsicht weiterentwickeln, wird das Land prosperieren und die Sicherheit und Zufriedenheit seiner Bürger steigern."[3] Viele erkannten darin bereits die Ankündigung des weiteren Ausbaus des nordkoreanischen Atomprogrammes, das sonst nicht explizit in der Rede angesprochen wurde. Die Umsetzung eines Atomwaffentests, sorgte ab Januar 2013 für internationale Beunruhigung. Die Situation droht mit der Ankündigung der DVRK eines atomaren Präventivschlags als Reaktion auf mögliche Ausweitungen der Sanktionen seitens des UN-Sicherheitsrates, zu eskalieren. Als Grund für mögliche Sanktionen wurde erklärt, die bislang regionale Stabilität würde durch das erhöhte Risiko der Verbreitung von Atomwaffen nicht mehr gewahrt sein. [4] In Pressemitteilungen rechtfertige das Regime einen angedrohten Erstschlag mit der Begründung, die USA würde mit Südkorea einen Krieg gegen Nordkorea planen. Als eine militärische Übung Amerikas und Südkoreas stattfinden sollte, gab es die Aufkündigung des Waffenstillstandes mit Südkorea und die Feststellung, die nordkoreanische Armee wäre

---

[1] ZeitOnline: Kim Jong-Un – Nordkorea schließt politischen Kurswechsel aus; URL: http://www.zeit.de/politik/ausland/2011-12/nordkorea-diktatur-kurswechsel
[2] Bölinger, Mathias: Eine Neujahrsansprache und ihr Gehalt, in Deutschlandfunk; URL: http://www.dradio.de/dlf/sendungen/themenderwoche/1968952/ (Zugriff 12.03.2013)
[3] Jong-Un, Kim: Neujahrsansprache; in Spiegel Online, 01.01.2013; URL: http://www.spiegel.de/politik/ausland/nordkorea-kim-jong-un-kuendigt-radikalen-wechsel-in-politik-an-a-875259.html (Zugriff: 12.03.2013)
[4] FAZ.net: Nordkoreas Atomtest – Unterirdische Provokation; URL: http://www.faz.net/aktuell/politik/nordkoreas-atomtest-unterirdische-provokation-12059919.html (Zugriff: 2.03.2013)

kriegsbereit und jederzeit für einen Angriff im Konflikt mit den USA gewappnet.[1]

Die weitere Vorgehensweise des Regimes von Nordkorea ist aus verschiedenen Gründen schwer kalkulierbar. Durch die Isolation Nordkoreas gibt es nach wie vor keine Daten oder andere verlässliche Informationen und durch die widersprüchlichen Aussagen Kim Jong-Uns, sind seine Intentionen schwer einschätzbar. Es scheint aber deutlich zu werden, dass ihm die Notwendigkeit der Veränderungen bewusst ist. Dabei sieht es so aus, als würde er versuchen, im Prozess der Globalisierung aus einer Position der militärischen Stärke heraus handeln zu können.

4. Öffnet sich Nordkorea der Globalisierung?

Die bisher gesammelten Informationen zu der Fragestellung, ob sich Nordkorea der Globalisierung öffnet, scheinen eindeutig den Schluss nahezulegen, dass dies nicht der Fall sein wird.

Zunächst stellt die Verfassung und die darin verankerte Juche-Ideologie ein theoretisch unüberwindbares Hindernis für eine Öffnung der nordkoreanischen Gesellschaft und der Märkte dar. Der mögliche Verlust der Unabhängigkeit und eine umfangreiche Fremdbestimmung des Landes durch die Globalisierung, stellen für den Bestand des nordkoreanischen Regimes eine massive Gefahr dar. Kim Jong-Un und die Regierungsspitze sind daher bestrebt, den Verlust von Macht und Einfluss zu verhindern. Außerdem soll sichergestellt sein, dass die Möglichkeiten der finanziellen Bereicherung für ausgewählte Personen gewährt bleiben. Die Abschottung des Landes durch die nationalen Ideologien Kim Il-Sungs und durch die derzeitige isolierende Außenpolitik Kim Jong-Uns basiert u.a. auf den extrem negativen Erfahrungen der Geschichte. Das Regime Nordkoreas handelt demnach auch aus der Angst, dass sich die kulturelle Fremdbestimmung, wie zu der Zeit unter japanischen Einfluss wiederholen könnte, sobald sich die Konsequenzen der Globalisierung auf das Land auswirken würden. Aber auch die Angst vor Großmächten, die Nordkorea nur als Objekt ihrer Politik und wirtschaftlicher Interessen sehen könnten, hat zur Folge, dass sich das Land aus dem internationalen Geschehen heraushält und seiner Bevölkerung ein ideologisches Konzept der Autarkie aufzwingt. Auch die Tatsache, dass die Globalisierung im hohen Maße ein kapitalistisches System voraussetzt um mit der

---

[1]

transnationalen Konkurrenz mithalten zu können, verhindert eine Öffnung Nordkoreas, wegen seines kommunistischen, sozialistischen Systems. Als Land ohne bedeutende Rohstoffe oder andere für den Weltmarkt relevante Angebote, besteht die Gefahr, dass Nordkorea bei Eingliederung in den Globalisierungsprozess in internationale Bedeutungslosigkeit verfallen würde.

Die Möglichkeit einer durch revolutionäre Aktivitäten des Volkes erzwungenen Öffnung, muss derzeit als unwahrscheinlich angesehen werden. Die vollständige Indoktrination des Volkes wird u.a. mit Hilfe extremer Propagandamaßnahmen und einer vom Staat streng kontrollierter Einschränkung der Pressefreiheit unterstützt. Dies führt dazu, dass in der Bevölkerung große Unwissenheit bezüglich anderer Systeme und Lebensformen herrscht und daher auch kaum Bestrebungen für einen Umsturz bestehen können. Zu diesen Gründen kommt außerdem die Angst vor dem übermächtigen Parteiapparat und seinen gefürchteten menschenrechtsverletzenden Methoden.

Jedoch gibt es auch Anzeichen und Ansätze für eine mögliche Öffnung Nordkoreas hin zur Globalisierung. In der Vergangenheit hat es bereits wirtschaftlichen Austausch mit anderen Staaten gegeben, was darauf schließen lässt, dass Nordkorea auf Dauer ohne Kooperation mit anderen Staaten nicht existieren kann und dass sich das Regime dessen bewusst ist. Mit der Errichtung der Sonderwirtschaftszonen wollte Nordkorea sogar internationale Investoren anlocken; auch die Entwicklung des Tourismussektors spricht für eine nicht vollkommene Abschottung dem Ausland gegenüber. Darüber hinaus lässt sich in einigen Äußerungen Kim Jong-Uns im Vergleich zum Verhalten seines Großvaters Kim Il-Sungs einen Ansatz für das Konzept eines globalisierten Nordkoreas erkennen. Mittlerweile schottet sich Nordkorea nicht nur selbst von der Außenwelt ab, sondern wird zunehmend von anderen Staaten ausgeschlossen. Selbst China, das sich unter Kim Il-Sung zu dem einzigen wichtigen wirtschaftlichen und politischen Partner entwickelt hatte, wendet sich jetzt mit der Regentschaft Kim Jong-Uns von Nordkorea ab und überlegt die Sanktionen für Nordkorea zu unterstützen. Damit wäre die DVRK völlig auf sich allein gestellt und kann sich nur noch der Welt öffnen, um dem totalen Zusammenbruch zu entgehen. Dafür spricht auch die historische Entwicklung der Globalisierung, dass isolierte Staaten mit totalitären Systemen auf Dauer keinen Bestand in der zunehmend globalisierten Welt haben. Beispiel hierfür ist der ehemalige Verbündete Nordkoreas: die Sowjetunion.

5. Fazit

Die Globalisierung ist ein multidimensionaler Prozess. Ihre Dimensionen, wie Politik, Wirtschaft, Kultur oder Kommunikation, sind voneinander abhängig und verstärken sich gegenseitig. Die vielschichtigen Auswirkungen der Globalisierung sind für einzelne Staaten chancen- wie risikoreich, da jedes Land andere Voraussetzungen hat.

Betrachtet man Nordkorea im Zusammenhang mit Globalisierung so lässt sich feststellen, dass sich das Land in einem Konflikt mit diesem Prozess befindet. Funktionierte das autarke System zu Lebzeiten des Staatsgründers Kim Il-Sungs noch gut, so ist das Land mittlerweile unter Kim Jong-Un durch die Globalisierung unter Druck gesetzt.

Zusammenfassend lässt sich sagen, dass eine Bewertung der Faktoren, die für und gegen eine Öffnung Nordkoreas sprechen, nur den Schluss zu lassen, dass sich das Land vor allem politisch und wirtschaftlich der Welt öffnen muss. Derzeit unklar ist in welcher Form diese Öffnung einsetzt, wann sie beginnt und wie lange dieser Prozess dauert. Es gibt drei mögliche Formen für die Veränderung des derzeitigen politischen Systems: der Kurswechsel vom aktuellen Regime ausgehend, der Umsturz dieses Regimes durch eine Revolution des Volkes oder das Beenden der nordkoreanischen Diktatur durch die Intervention des Auslandes.

Von diesen drei Möglichkeiten kann die Revolution des Volkes als die unwahrscheinlichste angesehen werden. Und auch ein Kurswechsel des Regimes kann als weniger realistisch beurteilt werden. Sollten sich die militärischen Drohungen Nordkoreas weiter zuspitzen oder gar umsetzt werden, so ist eine ausländische Intervention unausweichlich.

6. Anhang

6.1 Quellenverzeichnis

Arte: Nordkorea – Die Grenze und der Krieg, 2004; in YouTube, URL: http://www.youtube.com/watch?v=EWWYcQ4gdGY (Zugriff: 18.02.2013)
Arte: Wunderwelten Nordkorea; in YouTube, URL: http://www.youtube.com/watch?v=4uGZukQqlB0 (Zugriff 15.02.2013)
Augsburger Allgemeine: Kim Jong-Un will radikalen Umschwung, Jan 2013; URL: http://www.augsburger-allgemeine.de/politik/Kim-Jong-Un-will-radikalen-Umschwung-id23324621.html (Zugriff 12.03.2013)
Bergmann, Mareike: Nordkorea unter Globalisierungsdruck?, Bochum, 2006
Bölinger, Mathias: Eine Neujahrsansprache und ihr Gehalt; in Deutschlandfunk, Jan 2013; URL: http://www.dradio.de/dlf/sendungen/themenderwoche/1968952/ (Zugriff: 11.03.2013)
Churs, Achim: Was ist die Juche-Ideologie und worin unterscheidet sie sich vom Marxismus-Leninismus?, in Nordkorea-Info; URL: http://www.nordkorea-info.de/landesinfo/politik/juche-ideologie (Zugriff 12.03.2013)
FAZ.net: Nordkorea – Kims Überlebensstrategie, Jan 2013; URL: http://www.faz.net/aktuell/politik/nordkorea-kims-ueberlebensstrategie-12013270.html (Zugriff: 25.02.2013)
FAZ.net: Nordkoreas Atomtest – Unterirdische Provokation, Feb 2013; URL: http://www.faz.net/aktuell/politik/nordkoreas-atomtest-unterirdische-provokation-12059919.html (Zugriff: 2.03.2013)
FAZ.net: Nordkorea – Was ist anders unter Kim Jong-Un?, Okt 2012; URL:http://www.faz.net/aktuell/politik/nordkorea-was-ist-anders-unter-kim-jong-un-11914979.html (Zugriff 15.02.2012)
Frank, Rüdiger: Nordkorea: Zwischen Stagnation und Veränderungsdruck, in: Derichs, Claudia; Herberer, Thomas (Hrsg.): „Einführung in die politischen Systeme Ostasiens-VR China, Hongkong, Japan, Nordkorea, Südkorea, Taiwan"; Wiesbaden, 2. Auflage, 2008
Globalisierung: Fakten, URL: http://www.globalisierung-fakten.de/globalisierung/definition/ (Zugriff: 11.03.2013)
Handelsblatt: Nordkorea – USA kündigt weitere Sanktionen an, Mär 2013; URL http://www.handelsblatt.com/politik/international/nordkorea-usa-kuendigen-weitere-sanktionen-an/7912264.html (Zugriff: 12.03.2013)
Hilpert, Hans Günther: Nordkorea vor dem ökonomischen Zusammenbruch?, SWP-Studie; Berlin, 2003
Hohefeld, Stefan: Nordkoreas Stellung in der internationalen Politik – Allein gegen Alle?, Bachelorarbeit; Hagen, 2009
Jong-Un, Kim: Neujahrsansprache; in Spiegel Online Jan 2013; URL: http://www.spiegel.de/politik/ausland/nordkorea-kim-jong-un-kuendigt-radikalen-wechsel-in-politik-an-a-875259.html (Zugriff: 12.03.2013)

Kinzel, Uwe: Vortrag zu Nordkorea; Bissendorf 8. Feb, 2013
Köllner, Patrick: Nordkoreas Außen- und Sicherheitspolitik im Zeichen der Krisen, in China Aktuell und Aus Politik und Zeitgeschichte, 2003
Outsourcing2india: Warum in Indien einkaufen?; URL: http://www.outsource2india.de (Zugriff: 24.02.2013)
Phoenix: Nordkorea – Einblicke in ein verschlossenes Land; in YouTube, URL: http://www.youtube.com/watch?v=EWWYcQ4gdGY (Zugriff 20.02.2013)
Schaller, Peter: Nordkorea – Ein Land im Banne des Kims; Böblingen, 1994
Schirm, Stefan A.: Internationale Politische Ökonomie – Eine Einführung; Baden-Baden, 2004
SpiegelONLINE: Nordkorea – Kim Jong-Un kündigt radikalen Wechsel in Politik an, Jan 2012; URL: http://www.spiegel.de/politik/ausland/nordkorea-kim-jong-un-kuendigt-radikalen-wechsel-in-politik-an-a-875259.html (Zugriff: 25.02.2013)
Stroh, Oliver: Nordkorea vor dem Zusammenbruch? Eine Analyse des politischen Systems Nordkoreas, Bachelorarbeit; Bochum, 2011
Wrobel, Ralf Michael: Sonderwirtschaftszonen im internationalen Wettbewerb der Wirtschaftssysteme; Zwickau, 2008 http://www.ordnungspolitisches-portal.com/Diskurse/Diskurse_2008-06.pdf (Zugriff: 12.03.2013)
Wissen.de: Globalisierung – Historische Entwicklung; URL: http://www.wissen.de/thema/globalisierung?chunk=historische-entwicklung (Zugriff 11.03.2013)
ZEITonline: Kim Jong-Un – Nordkorea schließt politischen Kurswechsel aus; Dez 2011, URL: http://www.zeit.de/politik/ausland/2011-12/nordkorea-diktatur-kurswechsel (Zugriff: 12.03.2013)

6.2 Abkürzungsverzeichnis

KVDR	Koreanische Volksdemokratische Republik
DVRK	Demokratische Volksrepublik Korea
UN	United Nations
USA	United States of America
bzw.	beziehungsweise
z.B.	zum Beispiel
u.a.	unter anderem

BEI GRIN MACHT SICH IHR WISSEN BEZAHLT

- Wir veröffentlichen Ihre Hausarbeit, Bachelor- und Masterarbeit

- Ihr eigenes eBook und Buch - weltweit in allen wichtigen Shops

- Verdienen Sie an jedem Verkauf

Jetzt bei www.GRIN.com hochladen und kostenlos publizieren